Le gramophone des bals perdus.

Lawrence Kouritz

ISBN : 979-10-227-9798-6

Les hommes serpents enfilent leurs ailes de vautour. Ils crient après leurs mômes plus fort que le chacal. Navires obsédés quittant chaque jour le port, ils construisent des avenirs à costumes sanglants.

À genoux. Lépreux du veau d'or qui penchent sur le gouffre, ils hurlent encore plus fort, cherchent un miroir où planter leurs reflets pâles. Il n'y a plus de danseurs, d'acrobates sous le plafond. Il n'y a que l'envie de paraître sans flancher, encore, encore, encore !

Personne ne revient, personne ne part, c'est un cirque faux-semblant dans des plumes de vautours. C'est un lendemain crasseux qui s'annonce à chaque fois, qui se crée chaque nuit. Rêves et cauchemars, ramassés à la hâte, à côté des chaussettes qui gisent au pied du lit. Dans un immense théâtre de marionnettes.

Il y avait autrefois comme un peu de désordre. Ils respirent aujourd'hui selon un plan de carrière. Mais les monstres s'agitent, serpents psychiatriques c'est tellement plus facile. Si t'as envie de rire c'est donc que tu es fou. Le cynisme a la cote et la joie s'est barrée.

Leurs ailes les poussent au loin, vers des forêts brûlées. Ça respire un moment le carbone et le souffre et ça repart plus sec, plus sombre et plus glacé. Il y en a des hordes qui cachent le soleil.

Leurs griffes déchirent la pierre et le matin s'emplit de hurlements.

Soleil, feu froid sur le dos du serpent, nous fabriquons des rêves à partir de déchets de terre. L'inconnu nous fascine autant qu'il nous submerge. Cette impression de puissance qui ne mène qu'à la fin.

Les vautours relèvent le bec, lions incandescents qui se consument au crépuscule des civilisations. Ils renâclent encore à lâcher leurs charognes. Ils se repaissent de mort et de pourriture. Personne ne sortira d'ici vivant.

Ils lui ont touché le front
Et ont senti sa colère,
Les clercs sanglants ont reculé
Comme la plèbe effarouchée.

Rien de plus beau que ce matin
Où s'épaississent de nouvelles ombres,
C'est la fuite, la gorge, le cri qui revient
Comme un calice qui se trompe.

Des sauvages vont et viennent
Dans les scories du bûcher,
La poussière colle aux plis du ciel
Comme la plèbe effarouchée.

Sur ta peau lisse un arc-en-ciel
Montre la voie qui fût tracée,
Les sauvages dansent et pleurent et
                              chantent
Demain, la colère sera tombée.

Scansion diurne au gré des vents
Mélopée sûre qui sent le souffre
Et la révolte et le danger
De voir partir le goéland.

Bataille ! Harnachement de misère
Qui fera la fortune du despote ;
Combats ! Vois ces sauvages paupières
Qui t'évaluent et n'ont pas froid.

Frappe le sol.
Sans soulever de poussière.

Sur les écailles maudites, on greffe les
dernières étincelles de liberté. Rien ne germe sur
le dos du serpent. La face du monde explose et ils
ricanent.

Dans la plaine, quelques enfants jouent encore à chat perché, à cache-cache ; bientôt ils vivront dans des mondes absents placardés sur un écran. Tout s'organise autour du vide, non ! Du néant et la noirceur nous envahit. C'est l'enfer.

Je ne vois plus d'étoiles et mon chemin s'enfonce dans la nuit. Nous réagissons mais nous ne faisons plus.

Rue des titans, les sorciers sont couchés et prient leurs foutus dieux. Les despotes sont en vente au rayon surgelés. Des galaxies sont malades en tête de gondoles. L'éternité est en promotion, moins 50 pour cent sur les 15 minutes de gloire. Chevauche la ligne blanche, la marge s'agrandit et se creuse. Les vautours veillent sur tes déplacements.

Les pas sont lourds aujourd'hui. C'est le roulis du caoutchouc sur l'asphalte. Une ronde de particules bloquent les synapses les plus affûtés.

L'évolution tient à coups d'antalgiques, de remèdes miracles, de bouillons de sorcière.

L'autorité du grand cirque
Joue les gros bras pour le 20 heures
La griffe se tend et se déguise
Pour que ta joue ne sente rien.

On nous médique à coup de tubes,
De grandes fêtes et d'écrans plats,
La seringue, posée à ton chevet,
Te dit : « Demain, oui tu verras ! »

Les masques provisoires s'emplissent de
                                    terre
Ni lune, ni étoile, ni trottoir
Tes enfants jouent une comédie
Où le futur nous indiffère

Plumes de paon collées au front,
L'autorité du grand cirque
Chasse, du bout des bottes ferrées,
Les grandes folies et leurs bourgeons.

Sur un chemin, près de la lande,
Astrologues et vieilles querelles
S'échauffent au rythme du sabbat
Et lèchent, voûtés, leurs écuelles.

Dans la brume du soir, des zombies
dansent sur des terre-pleins. Suivez, suivez la pâle
lumière des écrans aveugles, privés de réflexion.

Les nouvelles pythies attendent au départ. La course sans fin recommence. Les boîtes à sommeil se vident, les cages ferrées s'emplissent, le roulis reprend. L'articulation rassurante s'agite sous la pluie, un sympathique désordre sous l'œil égrillard des hommes vautours, une subversion calculée avant liquidation de tes droits les plus élémentaires.

Le piège se referme et le serpent danse. Et tu danses aussi, convaincu d'être là quand ton âme est en berne, convaincu de ta puissance, assujetti, soumis.

Parfois, dans la secrète vision des flammes psychotropes, tu entrevois le véritable visage. Tu rêves d'un vautour éventré, gisant sur le bitume. Dans ces moments de vérité, où les portes s'ouvrent, où ton regard perce le nuage, heureusement la culpabilité te rattrape.

Comment osez-vous atteindre, blesser ce corps qui ne vous appartient pas ? Comment ?

Les corneilles sanitaires veillent à te rappeler à l'ordre. Toute modification de l'état de conscience, tout écart en dehors du rêve globalisé, fera l'objet d'une campagne de prévention, le procès intime, individuel, efficace. Les portes resteront closes sur l'incendie qui fait rage.

Les hommes aux plumes de vautour décideront alors de conquérir l'espace.

La terre se couvre de sel et les grands arbres meurent de soif. Les ravins dans la fange, sur la frontière boueuse des marécages, quelques serpents primitifs content les divinités d'autrefois. Des totems s'élèvent encore, couverts de champignons. Tentatives indigènes pour retrouver du sens. Rats et scorpions sortent parfois du bourbier, messagers impossibles des vieilles mutations.

Les cris n'y changent rien quand la peur vient en renfort. Le chœur puissant des frayeurs canalise les volontés d'émancipation. A trop voir les ombres qui s'allongent, tu oublies la lumière qui les crée.

I

Ne laisse jamais personne
T'imposer son pouvoir,
Car il n'est de pouvoir
Que celui que tu donnes.

Sois attentif aux mots
Et patient face aux verbes
Car trop de nos grands maux
Naissent de leurs phrases ternes.

Ne te laisse pas avoir
Par ces jeux de loterie,
Préfère toujours « savoir »
À l'attrait du « on dit ».

Sois conscient qu'en tes mains
Réside la solution ,
Que ce n'est pas demain
Que naît l'insoumission.

Les avenirs radieux
Ne sont que vaines promesses,
Tu seras merveilleux
Si tu combats sans cesse.

Ne cherche pas la gloire
Et vis dans le respect,
Repousse les faux espoirs
Comme autant de déchets.

Sous la pluie, sois joyeux,
Sous le soleil, sois prudent,
L'austère vaut souvent mieux
Que l'or du décadent.

Discipline ton âme
Contre la cécité,
Il se noue plus de drames
Dans la facilité.

Et, s'il le faut, renonce,
Laisse venir le doute,
Il n'y a pas une réponse,
Ni même une seule route.

L'essentiel est de vivre
Sans jamais s'effacer,
Ne reste jamais à suivre
Des voies toutes tracées.

Si ton voisin se meurt
De s'être laissé berner,
N'en garde pas rancœur,
Combats à son côté.

On ne connaît que l'ombre
À force d'être ébloui,
Quand la liberté cesse
Alors les peuples sombrent.

II

Il y a le corps,
Rouge, hétérogène, constitué,
Parcellaire et partiel,
Vase qui déborde sans cesse
Et ne supporte plus le vide.

Il y a l'esprit
Qui se prend pour un lion,
Se rêve infini, immortel, invincible
Et finit terrassé
Dans l'obscur limon de la folie.

La main prolonge l'œil
Qui prolonge l'idée
Qui prolonge le néant,
Ce demandeur d'asile
Qui aspire et nourrit.

III

Si je ne vis pas dans le présent
Je ne vis pas.

Si je regarde l'œil de l'autre
Sans voir mon œil,
Je ne vois pas.

Si je crie à la face du ciel
En maudissant mon état,
Mes paroles n'ont pas de sens.

Si ma conscience prend pitié d'elle-même
Je ne vis pas.

Si ma main porte un coup
Elle finira par me détruire.

IV

Ils balbutient leurs prières
Perdus, pendus à leurs fenêtres,
Voulant gagner plus encore
Se croyant dignes, ne sont que fiers.

Et ils débitent leur chapelet,
Incantations divinatoires,
Qu'ils concrétisent, tant ils sont laids,
Dans le secret d'un isoloir.

Leurs yeux sont clos sur la misère
Qu'ils croient combattre avec leur cœur,
Ce pauvre muscle qui sent la pierre
A force de haine et de rancœur.

La bourgeoisie est un démon
Un léviathan qui se pourlèche
Et les babines et le giron
Devant une rivière qui s'assèche.

Demain sans doute, bien plus qu'hier
Tu tâteras de leurs gourdins,
Car la violence policière
Est l'arme damnée de ces rupins.

Ils ont rangé leurs croix gammées,
Les cagoules et les phalanges,
Mais les bottes sont toujours à portée
Contre un idée qui les dérange.

Ils balbutient leurs prières
Perdus, pendus à leurs fenêtres
Le sang mielleux de la misère
N'a pas suffit à les repaître.

V

Que vienne la saison
Où chante la colère
Qu'il vienne enfin le temps
Où saigneront les pierres

Mes amis je vais mourir
Et vous aussi sans doute un jour
Je choisirai d'en finir
Ou attendrai que passe mon tour.

VI

Face à l'immensité
Ils broient des cantiques
Comme une mer qui pleurent
Ses enfants pélagiques.

Le désastre imminent
Ne fait même plus frémir
Le chœur larmoyant
Des marchands d'à venir.

Ourses en cage, anémones décharnées,
Le chant intensif des moineaux
Nourrit les sémaphores.

Que comptes-tu faire ? Rien,
Qui se conçoit au présent,
Reste le seul choix qu'on me laisse.

VII

Un retour de soleil
Pour faciliter le moment
Où bascule le sommeil
Le rêve dissident

La nuit guette des réponses
Lointaines sur le moment
Qui, le matin, s'annoncent,
Sagesse vient en dormant

Quand les cheveux s'ébrouent
Des étoiles ramassées
Aussi tombe la boue
De la journée passée

Le renouveau est là
Comme au matin du monde
Perdu au bord des draps
Que la lumière inonde.

VIII

Dignité

Il y a tant de colère et tant de frustration.
Le peuple est un carnage qui vit sa gestation.
Ce qui nous rend malades finira par mourir
À moins que, par la haine, nous nous faisions
pourrir.

D'où provient ce désordre qui provoque nos
misères ?
Si ce n'est du zénith où l'élite financière
Amasse sur nos cadavres un trésor décadent,
Puis enchaîne notre esprit à nous rendre
impuissants.

C'est ainsi que se suivent les manifestations
De samedi en samedi, de Paris à Lyon,
Sans que le peuple n'obtienne ne serait-ce qu'un
soupir
De la part d'un monarque qui ne fait qu'assoupir.

Quand éclatera plus fort notre juste colère
Il se trouvera toujours quelques âmes guerrières
Qui réclameront à cors que soit versé le sang
Et celui-ci coulera des mains de nos enfants.

Prenez garde despotes de voir flamber
Autre chose dans nos yeux que les grenades tirées,
Comme des envies de meurtre ou de destitution
Poussés au désespoir par notre condition !

Alors, même vos cognes ne pourront rien changer,
Leur veulerie imbécile ne peut vous protéger,
À l'instar des lâches vous restez dans le noir
Et quand l'incendie point, il est déjà trop tard.

Notre colère partira ainsi que votre honte
Mais l'incident laissera de belles marques
                                    profondes,
Dans le cœur de ce peuple une douleur amère,
Une défiance éternelle pour nourrir sa colère,

Car vous le pensez torse, versatile, mort de peur,
Toujours à votre main, c'est votre plus grande
                                    erreur,
Car si, pour la plupart, ils aspirent à la paix,
Tous sauront se battre, les plus faibles en premier

Pour une raison commune qui s'appelle : dignité.

IX

Mon âme, ma beauté
Mon amie égarée
Vous fûtes le chemin
Par les étoiles sculpté.

Je m'en allais sans nul doute
A la rencontre de vos bras,
Puis j'irai sans fausse route
Me perdre dans vos pas.

Enivré dans l'espace,
Par le souffle bercé,
Je chérirai vos traces

Jusqu'au matin givré
Où mon rêve fugace
Viendra vous emporter.

X

Les anguilles pourpres
Dansent au pied des caravelles,
Un limon de tourbe
Accroché à leurs yeux.

Au firmament d'une lune rouge,
Sarcasses amères se livrent au sang
Leur dernier combat méritant,
A la surface plus rien ne bouge.

Obsédantes traversées
Qui convoyez tous les instincts
Au nom d'antiques vérités
Considérées comme des destins.

XI

États d'arbre

Faut-il se sentir seul
Quand on a deux cents ans ?
J'ai logé des migrants,
Plumages venus d'Afrique

Qui se content leur destin
En gobant mes bourgeons.
Du fier épicéa au saule mélancolique,
Parents enracinés qui perpétuent leurs noms.

Les fées parfois se perchent
Dans nos ramures elfiques,
Leur présence magique
Nous protège du bûcheron.

Faut-il sucrer les fraises
Quand on a plus de cent ans ?
À moins que le vent n'agite
Les branches sur la cime.

Au pied de mes racines
À la fraîcheur de mon ombre,
J'ai vu des majestés
Se pourvoir en justice

J'ai vu passer l'hiver
Et des printemps chanter,
Des générations de cerfs
Sur mon tronc, s'écorner.

J'ai toujours contemplé
Le même paysage
Mais j'en sais sur le monde
Plus que ceux qui voyagent.

Car le vent, les nuages
Même cette fichue grêle
M'apportent les échos
De la terre qu'on ravage.

XII

La ballade du piètre ouvrier

Je n'ai plus que mes mains
Pour serrer mon verre vide,
L'usine vient de fermer
Et pourtant je souris.
J'étais esclave mes amis
Aujourd'hui je suis libre.

Ils m'ont donné congé
Condescendants et pudiques,
Aux ressources inhumaines
Sous leurs sourires émaillés.
J'étais esclave mes frères
Aujourd'hui je suis libre.

J'ai ramassé tous leurs papiers
Ils m'ont soufflé du bout des lèvres
Un merci de circonstance,
Supra-légaux dans leurs costumes.

J'étais esclave mes amies
Aujourd'hui je suis libre.

Quand les portes ont fermé
Je crois bien que j'ai pleuré,
Des larmes de joie, de tendresse,
30 ans de marne, rien à cirer.
J'étais esclave mes sœurs
Aujourd'hui je suis libre.

Mon sang avait rouillé
Sur toutes les machines,
Une maison, les enfants,
Tout vient de s'effondrer.
J'étais esclave mon fils
Aujourd'hui je suis libre.

Je suis allé pointer
Pour encore quelques jours
Dans les couloirs de Pôle Emploi
On forgeait d'autres chaînes.
J'étais esclave ma fille
Aujourd'hui je suis libre.

Nos dernières vacances
Encore un peu payées
À l'abri des violences,
On se laissait hâler.
J'étais esclave ma chérie
Aujourd'hui je suis libre.

Puis vint le tribunal,
Les médias, les piquets,
J'avais les poches vides,
Les cœurs asséchés.
J'étais esclave maman
Aujourd'hui je suis libre.

Les pointeuses ont cramé,
Les chefs qui gueulaient
On les a faits sauter
Avec la direction
Au fond de l'atelier.
Ils sont mort ces cons,

Aujourd'hui je suis libre.

XIII

Terra Nostra

Sous les vents du Ponant, nos lanternes
    vacillent.
La terre se met en rage et nous tient
    responsables
De ces incandescences, de ces vents qui
    l'étrillent.
Les mers marmoréennes finissent chargées de
    sable.

Sur son île perdue, Robinson pleure son sort,
Lui qui échoua là, licencié d'un resort.
Des touristes en masse se ruent sur les
    poubelles,
Mendiants hallucinés aux modestes coupelles.

Les filles de Déméter se tressent des fléaux,
Ravages de criquets sur la montée des eaux.
L'isolé sent poindre un sombre maléfice

Tandis que le bourgeois compte ses bénéfices.
Que dire de l'ordure qui envahit nos champs
Quand de l'inéquité naissent les indigents ?

XIV

Ballade du temps qui vient

Les baisers se cachent
Au fond des placards
Quelques fleurs fanées
Peuplent les tiroirs,
Nous sommes au mois d'août
Le pire est passé.

Des rayons de soleil
Tapissent la chambre
Traces de ton passage
Partie travailler,
Nous sommes au mois d'août
Le pire est passé.

On lit des histoires
Dans nos calendriers
Histoires d'une époque
Où chaque heure comptait,
Nous sommes au mois d'août
Le pire est passé.

On se souvient encore
De la peur qui traînait
Quand on comptait les morts
Chaque jour qui passait,
Nous sommes au mois d'août
Le pire est passé.

On fêtait les héros
Comme les épouvantails
Coupables à l'échafaud
Responsables en pagaille,
Nous sommes au mois d'août
Le pire est passé.

On s'en croyait guéri
Du vieux monde d'avant
Loin de la pandémie
Nos cœurs sont glaçants,
Nous sommes au mois d'août
Le pire est passé.

On pensait voir renaître
Le temps des cerises
Il a fallu s'remettre
À nos tâches soumises,
Nous sommes au mois d'août
Le pire est passé.

Le vieux monde résiste
Sa mécanique est rodée
Dans nos cœurs subsiste
Un regret trépané,
Nous sommes au mois d'août
Le pire est passé.

Vous êtes restés cloîtrés
Fiers absurdes égoïstes
Pas un seul pour penser
Aux futurs matins tristes,
Nous sommes au mois d'août
Le pire est passé.

Quand nous sommes sortis
Abrutis échevelés
Le ciel était bien gris
La couleur de l'acier,
Nous sommes au mois d'août
Le pire est revenu.

XV

L' obsidienne absorbe les reflets rouges de la lune de sang. Au cœur des ténèbres, les taches les plus immondes finissent par disparaître. Faut-il sombrer aussi profond pour pouvoir renaître ?

Je me suis berné d'illusions, de grands principes, d'altruisme bon teint pour masquer mes ténèbres. J'étais aveugle à tout, de la lumière à l'amour, prisonnier des défaites infligées à mon orgueil. J'ai tu l'enfant révolté pour accorder du crédit à l'adulte enchaîné, plus sourd à la vie que du cristal de roche. J'ai cru vivre alors que tout autour n'était que parodie.

Essoufflé, hagard et vertueux, je en sentais que la fin des choses, refusant le voyage qui m'était donné. Je me suis écorché sur des obstacles illusoires, sûr d'être un titan dans un monde de nabots.

Je suis devenu plus dur que la pierre, plus âpre que l'eau boueuse d'un marais desséché. J'ai conquis des planètes et asservi des peuples qui n'étaient finalement que des grains de poussière et troupeaux de fourmis. À force d'être éclairé par de vaines notions, mon ego grandissait et son ombre avec lui. Une ombre qui finissait par tout dévorer.

J'ai tout abandonné. J'ai brisé un par un les totems obscènes que j'avais érigés. Je me suis mis à écouter le vent sans comprendre les paroles et le chant de celui-ci était plus important que le sens qu'il portait.

J'ai commencé à respirer, j'ai commencé à vivre, goûtant avec le cœur plutôt qu'avec l'esprit, sans jugement, sans principe, sans règle prédéfinie. La détermination fait de nous des moutons, recevoir la vie c'est simplement la vivre et ne plus se soucier de toutes les fins possibles.

J'ai restauré le calme, dégagé l'horizon.
Plus de peur, ni de haine, enfin la liberté !Si je
me heurte parfois encore à la colère, je sais
qu'elle passera comme le fleuve sur la terre.

J'ai sombré si profond que maintenant
je m'en fiche. Les chaînes ont disparu ainsi
que les totems, j'en garde quelques traces et
non point de rancune, enfin libre en ce
monde, c'est sa seule fortune.

XVI

Mélopée

C'est un endroit tranquille

Où tombent les nuages

Un jour comme un dimanche

Qui n'en serait plus un.

L'enfant promène ses mains

Le long de la coursive

On pense au bastingage

Mais la mer est bien loin.

Il y a encore des rires

Là-bas sur le boulevard

Des rires contenus

Comme une mauvaise blague.

La galère trotte menue

Tout au long des rivages

Sur le trottoir d'en face

Aux portes des magasins.

XVII

À demeure
Sur le pas de la porte
Dort une vieille dame
On l'appelle Mémoire
Ses enfants sont Souvenirs.

Chaque fois que j'ouvre
Je la trouve sur le chemin
Elle peut être encombrante
Elle empêche de partir.

Au pied de la fenêtre
S'émerveille Liberté,
Une fleur insaisissable
Qui profite du soleil.

J'ai maintes fois tenté

D'en faire des bouquets

J'étais trop impatient

Et souvent entêté.

Sur le faîte du toit

Se trouve Versatile

Ce charmant séducteur

Ne sait faire que danser.

Il tourne comme un derviche

En flairant l'inutile

Tel un chien de discorde

De son nez retroussé.

Au coin de la cheminée

Se pelotonne un matou

Il se nomme Regrets,

Son chant est tyrannique.

J'ai essayé en vain

De le chasser de là

Mais n'ai jamais pensé

À éteindre le foyer.

C'est qu'au fond d'une cage

Qu'on appelle Raison,

Périt mon cœur d'enfant

Suspendu à un clou.

Il faudrait que j'efface

Chacun de ses barreaux

Pour trouver le courage

De quitter la maison.

XVIII

Tricoteuses d'absence

Il ne faut pas toujours croire ce que disent les
horloges,

Ces capricieuses crécelles n'en feront qu'à leur
tête

Sénatrices des Parques, efflanquées dans leurs
toges,

Ces ribaudes bourdonnantes se grimeront pour ta
fête.

Car pour l'heure elles sont chiches mais le temps
est à elles,

Seules maîtresses du ravageur, elles contemplent
son œuvre,

Quand l'ouvrier ronchonne au poste, elles
décampent sous
                    [son aile

Elles sont ses mâtines anémiques qui souvent te
    désœuvrent

Il ne faut pas toujours croire ce que baillent les
    tocantes

Petits monstres aux dents pointues qui grincent
    des rouages,

Elles te prennent volontiers dans leur marche
    sanglante

Pour te faire vieillir bien avant le grand âge.

Fixées à ton poignet comme des sangsues sordides

Ou des serpents marins dévoreurs de sable,

Elles savent maquiller en essai de suicide

Tes joies dévastatrices et tes plaisirs coupables.

Leurs trotteuses se transforment, alors
          deviennent croqueuses,

Tu t'enfuis vainement à coup de salle de sport et
          de crème anti-rides

Tes amniotiques souvenirs ne sont qu'une plaine
aqueuse

Où des marais bourbeux remplacent l'eau limpide.

C'est cette fuite qui te tue plus sûrement que la
          lame

Du maître de ces engins qui décomptent à rebours

Les principes vitaux qui nourrissent tes flammes,

Obsédé que nous sommes à voir passer le jour.

Du gaillard échevelé qui s'écrie : « No futur! »

Au vieillard tavelé qui perd la mémoire

Nous restons enchaînés à leurs aiguilles impures,

Des lambeaux d'existence dispersés dans le soir.

XIX

Chant des sirènes

Nous irons voir la mer
Mon petit chat paisible
Du sel, du sable, de l'air
Pour rendre la vie facile.

Nous serons de beaux voyous
À la démarche tranquille,
Nos regards fileront doux
Sur les cordes sensibles.

Nous gagnerons nos pénates
L'esprit serein, le cœur libre,
Nous tenant par la main
Comme on fait dans les livres.

Nous chanterons comme des mouettes,

Grives paillardes des océans,

Flotterons au gré des raz,

Barrières salines des géants.

Sempiternels marins d'eau douce

Mon âme sœur, nous déciderons

De nos bagarres, de nos colères

Sous l'œil torride des pontons.

Loin des usines de la terre

Qui ferment leurs portes

À tour de bras, j'ouvrirai

Mes malles de rêverie,

Nous irons voir la mer

Mon amour de toutes sortes,

Sur les plages où tu brûlais

Ta peau de miel, douce endormie.

XX

Goutte

Ça fait longtemps maintenant
Que j'ai quitté mon village
L'ombre des sous-bois
Les berges encore sauvages.

Ça fait longtemps tu vois
Qu'a disparu ton sillage
Pour des catamarans
Échoués sur des plages.

J'ai dû parcourir l'océan
L'Èbre, le Danube, ou le Tage ,
Près d'un millier de fois
Je n'en suis pas plus sage.

Des p'tits pontons de bois
À l'orgueil du grand large,
Ça fait longtemps tu vois
Que j'ai quitté mon village.

XXI

Maudite ritournelle

Je vois des bribes d'humanité
Qui s'amoncellent, qui s'amoncellent
Le long des trottoirs déglingués
Dans les ruelles, dans les ruelles.

C'est chaque jour des innocences
Qu'on assassine, qu'on assassine
Des p'tits morceaux de ton enfance
Qui se débinent, qui se débinent.

Je vois des ventres affamés
Comme en exil, comme en exil,
Poussés aux marges des sociétés
Devenues futiles, devenues futiles.

C'est chaque fois des êtres humains

Qu'on tabasse, oui qu'on tabasse

Le sang qui reste sur les mains

C'est pas d'la crasse, c'est pas d'la crasse.

Je vois des femmes, visages marqués

Par la violence, par la violence

Et leurs enfants le cœur muré

Dans le silence, dans le silence.

C'est chaque instant une voix qui tremble

Terrorisée, terrorisée

Des vies brisées qui se rassemblent

Pour mieux lutter, pour mieux lutter.

Je vois l'amour qui s'étiole

L'indifférence, l'indifférence

Que chacun porte comme une étole

De déchéance, de déchéance.

C'est chaque moment un peu d'lumière

Qui s'évapore, qui s'évapore

Un peu plus d'ombre sous les paupières

Qui nous étouffe jusqu'à la mort.

XXII

Il y a le vent, le sable, des libellules

Sur ton front. Des chimères battent la
          campagne,

Des marchandises s'entassent sur les pontons

Comme autant de fruits en pays de cocagne.

Quand sonne l'heure du grand sommeil

On rêve les mésanges se pâmer

Accrochées aux rayons d'un soleil

dont on voit l'oeil rougeoyer.

Il y a la folie, le destin, l'amour, toi,

Des harpes éoliennes qui chagrinent le silence,

Des marchandises étranges qui peuplent les
wagons,

Ne dis pas aux enfants qu'ils risquent de
prendre froid.

Quand sonne l'heure de la soupe

Les âmes remontent des abysses,

Des sirènes nichent sous la poupe,

Confiant leurs ventres aux haruspices.

J'ai connu des averses, vaches ou tempérées

Qui ont lavé la terre de toute insanité.

C'était sublime et froid, comme une toile
        d'arachnée,

J'ai maudit les parfums, même les bons soirs
        d'été.

Quand sonne l'heure du déclin

Viennent les rides et les arthrites

Comme de morbides Du Guesclin

Cuisants au bois des amanites.

Il y a l'ambivalence des mots de peu

Comme autant de ruelles absentes de la carte,

l'indécence bégnine des terres marquées au
        feu,

Des lendemains de fête pour les amis qui
        partent.

Quand sonne l'heure de la joie,

Des rendez-vous, des prochaines fois

Quand on voit chasser les mouettes

L'oeil vissé à nos fenêtres.

Il n'y a plus rien qu'un peu de temps passé,

Un papillon aux ailes brisées, le changement

Qui perdure alors vers nos déliquescences

Qui nous métamorphosent en nouveaux
        firmaments.

Le monde seulement devient beauté
Quand vient le temps de la douceur
Quand sur le port, au débotté,
S'improvisent de belles chandeleurs.

XXIII

Réveil

Un retour de soleil
Pour faciliter le moment
Où bascule le sommeil
Le rêve dissident

La nuit guette des réponses
Lointaines sur le moment
Qui, le matin, s'annoncent,
Sagesse vient en dormant

Quand les cheveux s'ébrouent
Des étoiles ramassées
Aussi tombe la boue
De la journée passée

Le renouveau est là
Comme au matin du monde
Perdu au bord des draps
Que la lumière inonde.

XXIV

Nuages

D'improbables boursouflures
Habitent vos formes grassouillettes,
Navires porteurs de belles enflures,
Annonciateurs de tempêtes.

Au ciel, plantés comme des géants,
Masques éruptifs du soleil,
Vos colères changent au gré du vent
Puis crèvent enfin comme jus de treille.

Le ciel lavé de vos blancheurs
Disperse vos larmes dans la vapeur,
Le sacrifice de vos fureurs.

Puis des rêves accrochent vos formes,
Rêves d'enfants, lapins énormes
Qui s'effilochent dans les courants.

XXV

Je voudrais lire un cri d'amour
Prends soin de toi, prends soin de moi.
Un cri pour un nouveau jour,
Prends soin de toi, prends soin de moi.

Je voudrais sentir sur ton front
La belle chaleur d'un franc soleil
Libre du fiel, des pollutions,
Prends soin de toi, prends soin de moi.

Le monde regorge de merveilles

Mais les plus grandes sont dans tes yeux

Où s'épanouissent mes éveils,

Prends soin de toi, prends soin de moi.

Si tes sourires se font vieux

Ne cherche pas de responsable,

Le temps qui passe n'est pas sérieux,

Prends soin de toi, prends soin de moi.

Nous retrouverons nos grains de sable,

Les vains tourments, les grands bonheurs

Et les fous rires qui passent à table,

Prends soin de toi, prends soin de moi.

Je voudrais lire de tout mon cœur

Un cri d'amour des plus banals

Reviens-moi ivre de douceur,

Prends soin de toi, prends soin de moi.

XXVI

Courrier du cœur

Je dessine des mondes

Au bord de tes lèvres

De jolies lettres rondes

Qui te donnent la fièvre

Je colle de gracieux timbres

Au creux de ton épaule

Mon paradis est humble

La rêverie joue son rôle

Quand tu viendras ma douce

Tarir mes nostalgies

Nous rirons de la frousse

Cachée dans nos logis

Sur ce tapis de mousse

Nos mains sont assagies.

XXVII

Géant

Souvent il reste assis

Attendant que ça passe,

Dans son cœur assoupi

Même la colère se lasse.

Chacun de ses atomes

Se replie sur lui-même

Et il n'est plus qu'un gnôme

Quand les matins sont blêmes.

Il souhaiterait faire corps

Pour reprendre en ses mains

Le joug, le licol, le mors

Qui lui brisent les reins.

Il souhaiterait être plus fort

Mais sa taille le trahit

On a plus de renfort

Quand on est plus petit.

Et quand on est plus grand

On a plus de fissures,

Plus de malentendus

Font mauvaises figures,

On perd son unité,

On disperse son union

On vend sa dignité

Pour quelques beaux fanions.

C'est sa malédiction

Ce pouvoir qu'il détient

On agit en son nom

Pour briser son destin.

Il aimerait retrouver

Ce cœur qui fait défaut,

Cet amour éprouvé

Qui sait le rendre beau.

Mais la haine est plus forte

Dans son esprit troublé,

Ses rêveries sont mortes

Comme un fruit oublié.

Souvent il reste assis

Atterré, trop prudent,

Malgré son cœur rassis

Le peuple reste un géant.

XXVIII

À minuit, sur les berges tranquilles
Un enfant vieillissant fait des bises à la lune.
Il décore sa raison de couleurs juvéniles,
Il arme sa volonté des délices de la brume.

C'est un cœur vaillant, descendant de voleur,
Insoumis et rétif à toute cérémonie.
Il a fui son foyer comme on craint la chaleur,
Conscient d'être un fardeau voué aux
      gémonies.

Malgré tout, son amour se révèle insensible

Aux morsures des juges, des cognes et des
    préfets.

Sur son esprit rageur et pourtant si fragile

Leurs vindictes méprisantes demeurent sans
    effet.

Il y a plus à connaître quand on regarde assis

L'endroit où l'on se trouve que de mythiques
    ailleurs

Pollués par les règles, les lois, les édits

Conçus par des esprits revêtus de tailleurs.

C'est au bord des fleuves que la vie se décide

Quand on se lave les mains au contact du
bonheur

Même quand au bord des yeux se dessinent
des rides,

Qu'il reste un homme vaillant, descendant de
voleur.

XXIX

Je ne connais pas de plus

belle chose que le

soupir d'une fleur

quand une abeille

la quite.

XXX

La lune ronde

regarde les bassins

avec un sourire.

La terre rouge

des enfants noirs.

L'AMULETTE

J'ai fabriqué une amulette d'Afrique à partir
d'oripeaux d'étoiles. Une amulette tranquille
aux vertus protectrices.

Mais une nuit sous le coucher de dix-huit
heures, l'homme prince est venu et m'a volé le
talisman. Et c'est ainsi que chaque nuit,
l'homme prend peur.

À chaque fenêtre

une luciole clignote.

Sous la porte close

coasse le crapaud.

Des enfants assis

au bord des routes,

la chaleur nous rend

visite.

L'HIBISCUS

Je contais l'amulette quand vint le jour. Sur les
feuilles des palmiers glissaient des larmes
d'orage. Les grillons cessaient leur chant. Les
crapauds s'étaient tus. Je contemplais les yeux
des enfants fatigués. Son cœur s'est ouvert.

Le front bas masque
        l'esprit.

Dans le ciel, un orage.

La sueur perle,

la chemise est sale,

mais sa croupe est si
        ferme.

LA ROSÉE

J'aime cette période de l'avant matin ; partout
c'est le règne du silence. Mes oreilles, ouvertes
au monde, attendent les échos de la terre. Il
fait nuit près de l'équateur et l'horizon
palpite. Bientôt la terre brûlera.

Nous formerons de nouvelles rondes, une
bacchanale aux pieds sanglants. Où sont nos
rêves d'éternité ? Je m'assois à ses côtés, son
teint est pâle. Puis il se lève et vient
m'aveugler. Le jour est là, il faut marcher.

        Il y a un reflet doux

        Sur une feuille de palme,

        j'ai envie de ta voix.

Deux principes forment le monde, un du vide,
un du plein. Je m'emplis de l'un et me conçois
dans l'autre.

C'est une girouette, au cœur de
la tourmente.

Son grincement me
fouette,

ses ellipses m'enchantent.

L'ombre tranquille gagne le néant. Dans ce
désir de fuite, on voit pâlir la vie.

Ton corps respire

puis s'affole.

Nous faisons l'amour.

J'ai envie de voir le monde.
Ensanglanter tout l'équateur et marchander
avec les pôles. La terre rouge me bat les
tempes, une biguine coule à la radio. Les
femmes marchent, les hommes marchent,
insouciants et sordides. Si j'étais né pour faire
la paix, je caresserais chaque être humain.
Mais l'immondice s'est faite chair et nous
tuons pour purifier.

Un véhicule brûle la piste et lève un
nuage. Le ronronnement de son moteur
résonne encore dans ma tête. La poussière
passe. De l'autre côté du chemin, il y a ton
corps, arrogant et tranquille. Sous le ciel
chargé et lourd où naissent les mirages, nos
yeux s'écarquillent. Je voudrais comprendre
les raisons de ton être. Parfois aussi, je n'ai vu
que ton cadavre de ce côté de la route. Je me
souviens l'avoir enterré. Aujourd'hui tu es

belle austère et facile. Tes magnifiques yeux noirs jaugent ma décadence, je sombre dans leur néant. Le poids de ton regard voûte mon esprit, je deviens torve et mesquin, tu me lacères l'âme. J'attends le véhicule qui brisera ta trace, regrettant déjà de vouloir cette fin.

Un véhicule brûle la piste et lève un nuage. La chaleur de son moteur me chauffe encore les lèvres. La poussière passe. De l'autre côté du chemin, il y a ton sexe et tes bras tendus vers le ciel. Je viens.

Il y a l'orage, le vent,

Puis l'herbe drue sur la terre.

Il y a la pluie, l'envie de rire,

Les belles rumeurs sur le désert.

Il y a les femmes, l'angoisse, le
                    partage,

Le lit glacé de chaque soir ;

Une ombre lisse sur ses
                    paupières,

Et le retour et le départ.

Il y a tes yeux dans le miroir,

L'envie folle d'y lire ma vie.

Il y a le feu, la guerre, les fêtes,

L'onde intensive qui nous
                    meurtrit.

Je frappe à la porte. Derrière, un homme sombre dispense ses prières. Litanie calme qui brise le soir.

Chaque pas résonne dans l'air lourd. Chaque frottement paresseux de tes chaussures usées. Tu te crois bon parce qu'indolent et tu te crois damné. La chaleur frappe mes épaules, je secoue mes mains dans le vide.

Les mannes secrètes de l'aventure m'ont fait plonger dans le certain. J'ai précisé ma démesure à l'étalon de son chagrin. Clown triste paillard et assoiffé, buvant le sel de la douleur, embellissant chaque désert. Je suis homme de l'homme, plongeant mes mains sur la terre.

J'ai pris sur le rocher luisant, l'envie
profonde de voir le monde et d'y coucher mon
innocence. Ainsi, roulant de par les dunes,
claquant ma langue sur des pierres sèches, j'ai
renoncé à la fortune pour mieux entendre
vibrer la terre. Poussiéré de nacre et cheveux
blonds, fouettant et caressant les rochers, un
beau bruit qui en dit long sur nos certitudes
guerrières. Ci-gît, au palais de cristal, un
masque pâle et éphémère, ombre charnue et
animale, lissant le fil du cimeterre.

La faim, l'ambre sacré du désir, de
l'envie, l'appétit sordide qui mine nos ventres.
Je déposai mon regard clair sur ses épaules
chatoyantes. Je répondais présent à la
captivité qu'elle m'accordait. J'étais serf,
amant et maître sans comprendre.

Je suis un homme aux nerfs usés, bravant le sable pour mieux boire, contre le vent pour mieux sentir.

Breaves in a pale forest are still living. Je quitte ces champs où sont morts tous les échos des landes. Ma langue a fauché la goutte saline fondamentale. Depuis, je cristallise chaque femme rencontrée et en déguste le fruit. Mon vampirisme est clair et passionné. J'aime et je soigne, chaman. J'ai imploré à dieu un simulacre d'existence et généré mon être le plus puissant. Homme chrysalide aux frontières d'une cathédrale vide, telle est ma vie. À l'insensé se mêle la raisonnable quête de ce sourire infâme. Ici, nous brûlons nos âmes et nos corps s'enflamment. Là il est le roi car c'est lui l'énergie qui actionne tout cela. J'expie mon incrédulité sur ce papier, je n'ai pas cru pouvoir douter.

MATIN

Le réveil fut long dans la chaleur. La climatisation était en panne. Sur mon dos pesaient des larmes, les draps étaient humides. Je vis le fauve sortir de terre, son parfum fort m'enivra. Je décidais d'une bonne journée.

Sous le bruissement tranquille mes rêves prennent la fuite.

Le cœur enfermé

Sacrifie à la solitude,

Le sang poisse mes mains.

Le feu, chaque chant mélancolique t'accompagne. J'ai vu naître dans tes voiles de sombres desseins, d'audacieux plans. Mais, vint l'orage et tu péris.

Chaque bris de glace nous a pourfendus l'âme. Nous guettions la déraison avec une jalousie féroce. La vie était crime. Jouets insensés, nous réinventons nos modes d'emploi. Nous persistions dans l'infini, certains de maculer le désert. Nos pensées étaient pourpres et nos gorges sèches. Nous aspirions à la virginité, à la reconduction de notre naissance, à la proclamation de l'état de dérèglement total. Nous vivions d'autres destins, plus lourds plus tangibles. Nous nous faisions des bottes à clous pour marcher sur la tête de Dieu. Barbares ! Oui, au plus profond de notre chair avec nos crocs pour seule limite.

Sur la table, il y a ma pipe éteinte, un livre ouvert, une feuille vierge, blanche. La voix des boys me parvient, lointaine et monocorde, une musique sourde se meurt. Je ne quitte plus mes mains du regard. Je sais ce qu'elles ont fait, je veux voir ce qu'elles feront. Une porte claque. Je bois du café, rallume ma pipe et lis. Le soir viendra, les femmes aussi, les alcools forts.

Son corps s'exhibe au travers des fumées. Des mots pervers sonnent dans mon verre. Je lui ai dit oui, il me semble. Elle ne sait plus, elle danse. Je suis chaque courbe, caresse chaque ombre. Rite sauvage, étincelant sous les lumières saccadées, je lui mords la nuque, elle me griffe les bras. Je sens une main sur mon épaule, j'ai dû dormir.

Il y a les enfants. Des abeilles sur le manioc, des femmes Peuhls, habillées de lumière, le cri des vieilles, l'odeur âcre de la poussière, le monde est beau loin de la route. " Chez Germain", sans enseigne, tout le monde connaît, avec le maire de quatre cent cinquante-six âmes. Je ne me souviens pas du nom de ce village du nord.

Torpeur, je me glisse dans les draps moites. Mon cœur bat lentement, très lentement. J'écoute la nuit qui respire. Des chiens aboient après le vent. La pluie crépite doucement sur la tôle, puis le ciel se déchire. Demain nous boirons sans compter des bouteilles de bières. Dans les quartiers pauvres, les clameurs se seront tues ? Je sais que demain il faudra partir.

Marché bourdonnant,

Chatoyantes auréoles,

du manioc sur le sol.

Le cycle est en marche. La ronde infernale de l'éloignement. Il y a d'autres horizons, mais qu'importe. C'était le tien que je voulais. Pourtant je sais. Je sais qu'il n'y a pas de fin, je sais que je veux te revoir.

Je griffonne rapidement des mots jaillis comme un espoir. Je voudrais hurler ce qui m'assaille, rien ne sort sans forme cohérente. Je sens mes yeux qui implosent et ma bouche qui se vide. Il y a le bruit clair de ton baiser sur mon front, je ne te quitte pas des yeux. Me chauffer dans tes bras, oublier ce temps qui passe, oublier que tu t'en vas.

J'ai inscrit sur la fresque du temps mon destin. Je ne suis plus homme, plus animal, ni tempête, ni prétention ; une démarche, rien qu'une ombre qui passe mais qu'on n'oublie pas ; être anonyme et nécessaire, ne laisser ni trace ni ornière mais être passé par là. Ces mots iront peut-être au feu, peut-être pas : ils sont trop durables, nous allons vers l'excès. Plus tard, nomade et libre, j'arrêterai la course.

Mes enfants seront calmes et fiers, mon cœur heureux et tranquille. Je conterai toutes les légendes en fumant un narguilé. Être anonyme et amoureux.

Au long cours, sur les routes maritimes, au travers de chaque continent, j'ai émoussé mon sabre. Sur les voies sacrées dans toutes les guerres du monde, j'ai encrassé mon fusil.

Sur chaque sentier, chaque mont, chaque plaine, j'ai usé ma semelle. Mais jamais aucune science, aucun livre, aucun problème humain, moral, social ou physique n'ont épuisé mon esprit. Ce que je cherche de par le monde, je le possède déjà, il n'est de plus rare joyaux que la pensée.

    Ombres tranquilles, fuyez ces rivages !

    Ici, n'est d'autre souverain que le chaos.

    Ici, dans le prisme assassin de ce carnage,

    Le diable, lui-même, ne put dire mot.

    Ombres sereines, au cœur si frêle,

    Ne provoquez notre courroux.

    Car nos tempêtes, nos pluies, nos grêles

    Vous décharneraient la peau du cou.

Pour chaque pas fait en notre ville,

Mérite le fouet ou paie la taxe.

À moins qu'au charme, tu sois docile,

Alors, pour toi, tomberons les masques

Et boirons fort, au jour si vil,

Où notre raison perdit son axe.

J'ai lancé mille rires à la face des étoiles,
puis me suis ouvert le cœur au chalumeau. J'ai
tranché mille discordes mais n'ai jamais pu
instaurer la paix sous mon toit. J'ai fait s'aimer
mille gens et n'ai pu me contenter d'aucun.
J'ai rendu belles mille femmes et ne sais que la
laideur sur mon visage. Des années, j'ai été
prince sans être simplement noble. Quand est
venu ce jour sordide où ton cœur ne m'a plus

aimé. Depuis, je déguste mille boissons sans
espoir de t'oublier. J'ai reconnu mille enfants
sans en avoir procréé. Aujourd'hui, il est
temps de mourir, de perdre mon humanité. Je
quitte le monde sans sourire, brûlez mon âme,
une fois crevé.

Sous le coucher du soleil

un enfant joue avec son chien,

ce dernier n'aboie pas.

Il y a l'ombre de tes bras
nus,

le froissement des draps.

La nuit est fraîche.

Une étincelle et c’est le
feu,

le tabac brûle.

La fumée s’élève.

Sur la terre rouge

un arbre mort,

la foudre s’éloigne.

Le vent dans les cheveux

emporte des parfums.

Je suis près de toi.

Dans 1'ombre d'un arbre
se dessine la silhouette
d'un homme endormi.

Mon bâton posé au sol,
je me repais
de son silence.

Contre l'arbre
un berger qui rêve
interroge le vent.

Je regarde ton corps

dans le silence glacé

de la Lune.

Le tigre me regarde.

Je n'ai plus peur

de ses griffes.

Dans ma chope,

il y a de la bière.

Une mouche qui se noie

Sur la piste boueuse,
marchent trois enfants
Il pleut.

Couverte de fard
une pute s'avance.
Mon cœur s'affole.

Sur la feuille du palmier,
une goutte s'évapore,
saison des pluies.

Le couteau près de
              l'assiette,

ton sourire m'illumine.

C'est la fin du repas.

Des cheveux bruns

se mêlent au vent,

longueur de la journée.

Je regardais les lézards endormis. Un chien jaune, le museau rongé, leur jetait des regards noirs. La fumée grise d'un feu de feuilles nous brûlait les yeux. Nous mangions en riant des brochettes innommables, surchargées de saumure et de piment. Nous suions, la bière était tiède. Assis au ras du sol, contemplant le visage de chacun au travers de l'épais rideau de larmes qui naissait dans mes yeux. Joie et sel mêlés, le piment me picotait la gorge, mon nez était ivre de fumée. Les morceaux de bois taillés retombèrent dans les assiettes vides. C'était la fin du repas. Bruits de billets de banque, rires, soupirs, dehors il faisait frais.

Des couleurs vives portées par le vent,

l'ombre d'un sourire qui passe...

Allongé sur le lit, j'écoute le ronronnement des avions. Mon esprit divague, je t'imagine loin. La fièvre ? Peut-être l'alcool d'hier, le manque de sommeil, les rêves et la nourriture. L'ensemble, chimie complexe, je souris. Il est temps de faire du café.

Dans le feu des mouches dansent et meurent. J'entends l'appel lointain des tambours. Crépitement du bois, montée des étincelles vers les étoiles, ce soir aucun esprit viendra. Tu es là, image floue, verbe tranquille. Tu me souris.

Je fais corps avec le feu. Le lendemain on me trouvera ivre mort, dans la poussière, ton sourire fiché aux lèvres. Je vois que ma bouteille est vide, mais je ne puis empêcher mon âme de s'abreuver encore. J'ai retenu la saveur de ta bouche, le goût salé de tes larmes.

Tout cela dilué par le vent et les heures qui passent. Ces heures exsangues où je me fiche de tout, même de mon image blafarde dans le miroir brisé de la salle de bains. Je danse avec les flammes, elles me portent très haut, parachevées dans l'inexistence par l'absence d'oxygène. Demain, je sommeillerai et les hommes reprendront leur place et fouleront la terre. Je serai nu, mais fier de ne penser qu'à toi. Il y a tes baisers qui me chauffent la joue, tes mains caressent mes épaules, la plénitude m'envahit.

Demain est là, la nuit serait incomplète sans cette odeur de café.

Sécheresse, je vois tomber une goutte de rosée sur le sol fendu. Tache claire qui s'évanouit aussitôt. Sur la feuille de palmier, le soleil pose sa chaleur. J'entends le vieil arbre craquer, je vois des mirages se former. La caravane avance lentement, irrémédiablement. On file vers le nord, vers la mer. Il faut passer la saison sèche loin du désert. Grande colonne d'hommes et de bêtes qui marchent sans fléchir.

Le grand fauve prenait son bain au pied de la montagne. L'ombre gigantesque dérobait ses blessures à nos regards acérés. Il se savait perdu.

Soudain, à l'ouest, un grondement se fit
                              entendre.

Le ciel vira au gris, les nuages étaient
                    bas.

Nous rangeâmes nos armes et
                    partîmes sans attendre,

La chasse avait duré et nous étions
                              tous las.

La pluie déchira le ciel. Le fauve se traîna jusque sous la corniche, je pense qu'il a dormi. Le sorcier lut ma déception. Le trophée était à portée, il n'était pas permis de braver les éléments. Le Code l'interdisait. Nous respections le Code.

Quand je vis son corps lapidé par les pierres, mon cœur se souleva, mais mon âme eut pitié. Je la soignais avec patience, à la veille de mourir que pouvais-je espérer ? Avoir fait le bien une dernière fois. Ce fut elle qui, un matin de mai, me fermât les yeux en pleurant doucement.

Tu t'étires et me réveilles. Je grogne, tu ris. Oui, je t'aime. Un parking, un soir, au bord de l'autoroute.

Le motel sent la peinture, les toilettes, l'eau de javel. Je prends une douche, me rase. Il y a un verre vide sur la table. J'éteins ma cigarette, tu es penchée à la fenêtre. Grandes traces de lumière sur le bitume, en face. Un quai, descends du bateau. Je pose mon sac sur le pavé. Le Caire, Tunis, Alger peut-être ? Les hommes parlent beaucoup, très vite. New York est loin, les stores de l'hôtel sont abîmés, les draps rêches et blancs. Il y a un verre d'eau près du lit, je le renverse, la tache s'élargit. Tu soupires, heureuse, je te prends dans mes bras. Tes bras luisants sur mes épaules.

Une autre route, l'air est sec comme en été. L'été, ton corps brun sous la véranda, un chant crissant, le silence. Tu t'endormais sur mes genoux.

Le train s'arrête en gare. Odeurs fortes, la foule, bruit des voitures, une benne à ordures démarre, un enfant pleure. Il est cinq heures, gris brouillard, absence. Souvenir d'une chanson, "Les boulangers font des bâtards, à la Villette...", goût du café, parfum des croissants chauds. Tu te rappelles ? Moscou, Minsk ou Varsovie, je ne sais plus très bien, la route était si longue, si longue...

Femme de ma vie, lionne passionnée, ongles laqués qui me griffent l'épaule. Mon âme s'essouffle, je hurle, tu souris, je t'aime. Je dois partir, je t'aime. La terre s'érode sous mes pas.

Tu viens me rejoindre, le lit est froid. Tu es là, ta joue est douce. Nos lèvres se touchent, ta pupille se dilate. Je sens chaque pulsation dans ta poitrine. Je dois partir, autre port. La route est longue. Ici, l'air est humide. Je me souviens de ta sueur, l'odeur de mangue et de café... La route serpente, il fait jour, la Terre est rouge, l'orient blanchit déjà.